사도신경은

엉터리

신앙고백

사도신경은 엉터리 신앙고백

펴 낸 날 2021년 10월 04일

지 은 이 아렌
펴 낸 이 이기성
편집팀장 이윤숙
기획편집 서해주, 윤가영, 이지희
표지디자인 서해주
책임마케팅 강보현, 김성욱
펴 낸 곳 도서출판 생각나눔
출판등록 제 2018-000288호
주 소 서울 잔다리로7안길 22, 태성빌딩 3층
전 화 02-325-5100
팩 스 02-325-5101
홈페이지 www.생각나눔.kr
이 메 일 bookmain@think-book.com

· 책값은 표지 뒷면에 표기되어 있습니다.
ISBN 979-11-7048-289-5 (03230)

사도신경은 엉터리 신앙고백

아렌 지음

개신교에서 성경 말씀과 다르게 가르치고 있는 점들이

이렇게 많을 줄이야

생각나눔

서문

우선 긴 세월 동안 이 원고를 다 쓰고

책으로까지 출판할 수 있게 해주신

하나님 아버지께

우리 주 예수 그리스도의 이름으로 감사드립니다.

처음엔 책으로 출판할 생각이 없이

주위의 사랑하는 사람들에게

하나님의 말씀을 바르게 알려주어서

그들이 하나님의 말씀을 바르게 믿고

하나님의 말씀에 온전히 순종하여

함께 천국에 갈 수 있게 되기를

바라는 마음으로 원고를 쓰다가

저도 예수님을 믿는다고 하면서도

저의 잘못된 믿음으로

때로는 하나님의 말씀에 순종하지 않고

방탕하게 살기도 했었고,

돌아보면 회개할 거밖에 없는 인생이지만

지금은 하나님의 은혜로

하나님의 말씀에 순종하는 것을

제 목숨보다 소중히 여기며 살아가게 된 사람으로서

주위에도 정말 예수님을 바르게 믿고 싶어 하고

열정을 가지고

하나님의 말씀에 순종하고 싶어 하지만

잘 몰라서 또는 주위의 사람들이 다 그렇게 믿으니까

그 길이 옳은 길인 줄 알고

넓은 길로 가고 있는 사람들이(로마서 10:2~3)

제발 이 책을 읽고 회개하고

신앙생활을 바르게 할 수 있게 되기를 기도하며,

사랑하는 마음으로 이 책을 썼습니다.

목 차

엉터리 사도신경

대부분의 개신교에서는 예배를 드릴 때

항상 사도신경으로 신앙고백을 하고

예배를 드립니다.

그런데 사도신경이 올바른 신앙고백일까요?

전혀 그렇지 않습니다.

어떻게 보면 성경 전체를 요약해 놓은 거 같기도 하고

사도들의 거룩한 신앙고백 같기도 하고
사도신경을 못 외우면 안 될 것 같기도 하지만
사도신경은 사도들이 만든 것이 아닙니다.
언제 누가 만들었는지 모르지만
그 내용으로 볼 때
가톨릭에서 만들었을 가능성이 매우 크고,
성경과는 전혀 다른 내용을 포함하고 있는
잘못된 신앙고백입니다.

그럼 사도신경의 잘못된 부분을 자세히
알아보도록 하겠습니다.
사도신경의 내용을 보면
"본디오 빌라도에게 고난을 받으사
십자가에 못 박혀 죽으시고"라는
고백이 있습니다.

그런데 이 고백이 맞는 고백일까요?

† 빌라도가 이르되 진리가 무엇이냐 하더라

이 말을 하고 다시 유대인들에게 나가서 이르되

나는 그에게서 아무 죄도

찾지 못하였노라

– 요한복음 18:38

† 빌라도가 다시 밖에 나가 말하되 보라 이 사람을 데리고

너희에게 나오나니 이는 내가 그에게서 아무 죄도

찾지 못한 것을 너희로 알게 하려 함이로라 하더라

– 요한복음 19:4

† 대제사장들과 아랫사람들이

예수를 보고 소리 질러 이르되

십자가에 못 박으소서 십자가에 못 박으소서 하는지라

빌라도가 이르되

너희가 친히 데려다가 십자가에 못 박으라

나는 그에게서 죄를 찾지 못하였노라

– 요한복음 19:6

본디오 빌라도는

예수님께 죄가 없음을 3번이나 강조하며

예수님을 풀어주려고 노력했습니다.

✝ 유월절이면 내가 너희에게 한 사람을 놓아주는

전례가 있으니

그러면 너희는 내가 유대인의 왕을 너희에게

놓아 주기를 원하느냐 하니

그들이 또 소리 질러 이르되 이 사람이 아니라

바라바라 하니 바라바는 강도였더라

– 요한복음 18:39~40

게다가 본디오 빌라도는 유대인들의 전례까지 내세워
예수님을 풀어줄 수 있는 권리를 유대인들에게
맡겼습니다.
그럼에도 불구하고 유대인들은 바라바를 선택했으며,
본디오 빌라도를 협박까지 하며(요한복음 19:12)
예수님을 십자가에 못 박으라고 반복해서 외쳤습니다.
본디오 빌라도는 유대인들의 협박에 못 이겨
예수님께서 십자가에 못 박히게
유대인들에게 넘겨 주었으며,
결국 유대인들은 예수님을 골고다로 끌고 올라가서
십자가에 못 박았습니다(요한복음 19:16~18).

누가 예수님을 십자가에 못 박았는지
성경에서 증거를 좀 더 찾아보도록 하겠습니다.

✝ 그런즉 이스라엘 온 집은 확실히 알지니

너희가 십자가에

못 박은 이 예수를 하나님이 주와 그리스도가 되게

하셨느니라 하니라

– 사도행전 2:36

✝ 아브라함과 이삭과 야곱의 하나님

곧 우리 조상의 하나님이

그의 종 예수를 영화롭게 하셨느니라

너희가 그를 넘겨 주고

빌라도가 놓아 주기로 결의한 것을 너희가 그 앞에서

거부하였으니 너희가 거룩하고 의로운 이를 거부하고

도리어 살인한 사람을 놓아 주기를 구하여

생명의 주를 죽였도다

그러나 하나님이 죽은 자 가운데서

그를 살리셨으니 우리가 이 일에 증인이라

– 사도행전 3:13~15

† 너희가 나무에 달아 죽인 예수를 우리 조상의 하나님이 살리시고

– 사도행전 5:30

이처럼 성경에서는
한결같이 우리가 예수님을 십자가에
못 박았다고 말씀하고 계십니다.

우리가 신앙고백 할 때
"본디오 빌라도에게 고난을 받으사
십자가에 못 박혀 죽으시고"라고 고백하는 것은

1. 나의 죄를 본디오 빌라도에게
   다 뒤집어씌우는 것이며
2. 예수님께서 나와 상관없이
   죽으셨다고 고백하는 것이 되며
3. 예수님께서 나의 죄를 대속하시기 위해 죽으셨다는

것을 부정하는 고백이 되며

4. 예수님의 죽음을 헛되게 하는 고백이 되며

5. 복음을 부정하는 고백이 됩니다.

차라리 "나의 죄 때문에 고난을 받으사 십자가에

못 박혀 죽으시고."라고 고백하든가

"내가 예수님을 십자가에 못 박았습니다."라고

고백하는 것이 바른 고백 아니겠습니까?

이어서 사도신경에는

'거룩한 공회'라는 고백이 있습니다.

그런데 공회는 어떤 곳일까요?

✝ 그들이 옳게 여겨 사도들을 불러들여 채찍질하며

예수의 이름으로 말하는 것을 금하고 놓으니

사도들은 그 이름을 위하여

능욕 받는 일에 합당한 자로 여기심을 기뻐하면서

공회 앞을 떠나니라

– 사도행전 5:40~41

✝ 사람들을 삼가라 그들이 너희를 공회에 넘겨 주겠고

그들의 회당에서 채찍질하리라

– 마태복음 10:17

✝ 대제사장들과 온 공회가 예수를 죽이려고

그를 칠 거짓 증거를 찾으매

– 마태복음 26:59

성경에 기록된 대로

공회는 예수님을 죽이기로 작정한 곳이며,

예수님 믿는 사람들을 잡아다가

핍박하고 채찍질하고 죽이던 곳이었습니다.

스데반 집사를

돌로 쳐서 죽인 곳도 공회입니다(사도행전 6:12).

이러한 공회를 거룩하다고 고백하는 것이

말이 됩니까?

혹시라도 공회가 동음 이의어로 다른 뜻이 있다고

할지라도

거룩한 공회라고 고백해서는 안 됩니다.

영어로 된 사도신경을 보면 거룩한 공회가

'The Holy Catholic Church'라고 되어 있는 성경이

많습니다.

이것을 보더라도 사도신경은 가톨릭 신자가 만들었을 가능성이 매우 큽니다.

또한, 사도신경 내용 중에

"거룩한 공회와 성도가 서로 교통하는 것과"라는

내용이 있는데 이것은 천주교의 연옥설(살아 있는

사람이 죽은 사람을 위해 기도하면 죽은 사람도 천국에

갈 수 있다는 주장)에 근거하여

만든 내용이라고 주장하는 분들이 계십니다.

사도신경을 가톨릭 신자가 만들었다면

그들의 주장이 맞을 겁니다.

한 가지 덧붙이자면 살아 있는 사람이

죽은 사람을 위해서

할 수 있는 것은 영원히 아무것도 없으며,

살아 있는 사람이

죽은 사람을 위해 하는 모든 행위는

헛수고이며 오히려 죄가 되기도 합니다(전도서 9:5~6).

이와 같이 사도신경이 얼마나 잘못된 신앙고백인지

살펴보았습니다.

그런데 그들은 왜 이렇게 틀린 점이 많은

사도신경으로 신앙고백을 할까요?

최소한 수백 년간 이어져 내려온 전통이라

아무도 그것을 고칠 엄두를 못 내는 것일까요?

사이비 종교인들조차도

사도신경이 잘못되었다는 것을 알기 때문에

세계적으로 많은 교회에서

사도신경으로 신앙고백을 하지 않습니다.

그럼 신앙고백은 어떻게 해야 할까요?

그 정답 역시 성경에 있습니다.

✝ 이르시되 너희는 나를 누구라 하느냐

시몬 베드로가 대답하여 이르되

주는 그리스도시요 살아 계신 하나님의 아들이시니이다

예수께서 대답하여 이르시되

바요나 시몬아 네가 복이 있도다

이를 네게 알게 한 이는 혈육이 아니요

하늘에 계신 내 아버지시니라

– 마태복음 16:15~17

✝ 나다니엘이 대답하되

랍비여 당신은 하나님의 아들이시요

당신은 이스라엘의 임금이로소이다

– 요한복음1:49

(어린아이와 이스라엘이라는 말에는 구원받은 사람이라는

뜻도 있습니다.)

✝ 이르되 주여 그러하외다 주는 그리스도시요

세상에 오시는 하나님의 아들이신 줄

내가 믿나이다

– 요한복음 11:27

예수님께서는 베드로의 신앙고백을 들으시고

베드로에게 복이 있다고 말씀하시며,

"이를 네게 알게 한 이는 혈육이 아니요

하늘에 계신 내 아버지"라고 말씀하셨습니다.

그리스도는 '기름 부음 받은 자'라는 뜻으로써

구약시대에는

왕(열왕기상 1:34, 사무엘상 10:1, 사무엘하 5:3)과

제사장(출애굽기 28:41, 출애굽기 40:15)

그리고 선지자(열왕기상 19:16)가

기름 부음을 받을 수 있었습니다.

예수님은 만왕의 왕(요한복음 18:37),

(요한계시록 17:14)이시며

대제사장(히브리서 3:1, 4:14)이시며

선지자(히브리서 1:1~2)이십니다.

이와 같이

"예수님은 그리스도시며

살아 계신 하나님의 아들이십니다."

라는 신앙고백은 예수님을 구세주로 믿고 시인하는

완전한 신앙고백입니다.

그래서 교회에서는 침례를 베풀기 전에

"예수님은 그리스도시며 살아 계신 하나님의

아들이심을 믿습니까?"라고 묻고 침례를 베풉니다.

† 오직 이것을 기록함은 너희로 예수께서 하나님의 아들 그리스도이심을 믿게 하려 함이요 또 너희로 믿고 그 이름을 힘입어 생명을 얻게 하려 함이니라

- 요한복음 20:31

† 그들이 날마다 성전에 있든지 집에 있든지 예수는 그리스도라고 가르치기와 전도하기를 그치지 아니하니라

- 사도행전 5:42

† 실라와 디모데가 마게도냐로부터 내려오매 바울이 하나님의 말씀에 붙잡혀 유대인들에게 예수는 그리스도라 밝히 증언하니

- 사도행전 18:5

또한, 복음을 전할 때에도

‘예수 천국 불신 지옥’을 전할 것이 아니라
성경의 기록 목적에 맞게
‘예수님은 그리스도시며
살아 계신 하나님의 아들이심’을
전하고 가르쳐야 합니다.
“예수님은 그리스도시며
살아 계신 하나님의 아들이십니다.”
라는 신앙고백은 하나님께서 우리에게 알게 하신
완전한 신앙고백이기 때문에
여기에 어떤 말을 더하거나 뺄 필요가 없습니다.

하나님께서 우리에게 알게 하신 완전한 신앙고백으로
여러분의 신앙고백을 하시겠습니까?
아니면 누가 언제 어떤 의도로 만들었는지도 모르는
엉터리 사도신경으로
여러분의 신앙고백을 하시겠습니까?

십일조는 내지 않아도 됩니다

십일조를 내지 않아도 된다는 것을

아는 사람은 많습니다.

하지만 그것을 가르치는 사람은 지극히 드뭅니다.

그 이유는 모두가 다 아는 이유 때문일 겁니다.

십일조는 구약시대에만 적용되는 구약의 율법입니다.

예수님께서 율법을 완성하셨기 때문에

구약의 모든 율법은

✝ 예수께서 대답하시되 첫째는 이것이니

이스라엘아 들으라

주 곧 우리 하나님은 유일한 주시라

네 마음을 다하고 목숨을 다하고 뜻을 다하고

힘을 다하여

주 너의 하나님을 사랑하라 하신 것이요

둘째는 이것이니 네 이웃을 네 자신과 같이

사랑하라 하신 것이라

이보다 더 큰 계명은 없느니라

– 마가복음 12:29~31

이 말씀 안에 다 포함이 됩니다.

그럼 구약의 율법이 적용되는 시기는 언제까지이고,

언제부터 신약의 법이 적용되는지

하나님의 말씀에서 찾아보도록 하겠습니다.

† 내가 율법이나 선지자를 폐하러 온 줄로 생각하지 말라

폐하러 온 것이 아니요 완전하게 하려 함이라

– 마태복음 5:17

† 그리스도는 모든 믿는 자에게 의를 이루기 위하여

율법의 마침이 되시니라

– 로마서 10:4

† 우리를 거스르고 불리하게 하는 법조문으로 쓴 증서를

지우시고 제하여 버리사

십자가에 못 박으시고

– 골로새서 2:14

† 새 언약이라 말씀하셨으매 첫 것은

낡아지게 하신 것이니

낡아지고 쇠하는 것은 없어져 가는 것이니라

– 히브리서 8:13

† 유언은 유언한 자가 죽어야 되나니

유언은 그 사람이 죽은 후에야 유효한즉

유언한 자가 살아 있는 동안에는

효력이 없느니라

– 히브리서 9:16~17

✝ 그 후에 말씀하시기를 보시옵소서

내가 하나님의 뜻을 행하러 왔나이다 하셨으니

그 첫째 것을 폐하심은

둘째 것을 세우려 하심이라

– 히브리서 10:9

예수님께서는

구약 전체를 율법으로 규정하고 계시며

(요한복음 10:34)

율법을 완전케 하시기 위하여 오셨으며

우리의 죄를 사하여 주시기 위하여 십자가에 못 박혀

죽으심으로 율법을 완전케 하셨습니다

(요한복음 19:30).

또한, 예수님께서 주의 만찬을 행하시면서
하신 말씀에도
신약이 언제부터 시작되었는지
명확히 나타나 있습니다.

✝ 이 잔은 내 피로 세우는 새 언약이니

– 누가복음 22:20

이 말씀에서 '내 피'는 예수님의 죽음을 의미하는데
예수님께서 우리의 죄를 대속하시기 위하여
십자가에 못 박혀 죽으심으로
새 언약(신약)이 시작된다고
분명히 말씀하고 계십니다.
예수님께서 십자가에 못 박혀
우리의 죄를 대속하시기 전에는
구약의 율법 시대였기 때문에

나병 환자를 치료해 주시고
구약의 율법에 따라 “제사장에게 네 몸을 보이고
모세가 명한 예물을 드려 그들에게 입증하라”라고
말씀하셨습니다(마태복음 8:4).

또한, 예수님께서
바리새인들에게 말씀하신 박하와 회향과
근채의 십일조도(마태복음 23:23) 같은 맥락에서
말씀하신 것입니다.
예수님께서 십자가에 못 박혀 죽으심으로
우리는 율법에 얽매이지 않고
신약의 말씀에 순종하며 살 수 있게 되었습니다.
그럼에도 불구하고
십일조를 내야 한다고 말하는 것은
우리가 할례를 받아야 한다고 주장하는 것과 같으며,
안식일(금요일 해질 때부터 토요일 해질 때까지)을

지켜야 한다고 말하는 것과 같습니다.

십일조를 내야 한다고 말하는 분들이
꼭 명심해야 할 말씀이 성경에 있습니다.

✝ 만일 내가 헐었던 것을 다시 세우면
내가 나를 범법한 자로 만드는 것이라
내가 율법으로 말미암아 율법에 대하여 죽었나니
이는 하나님에 대하여 살려함이라
– 갈라디아서 2:18~19

✝ 무릇 율법 행위에 속한 자들은 저주 아래에 있나니
기록된 바 누구든지 율법 책에 기록된 대로 모든 일을
항상 행하지 아니하는 자는 저주 아래에 있는 자라
하였음이라
– 갈라디아서 3:10

✝ 내가 할례를 받는 각 사람에게 다시 증언하노니

그는 율법 전체를 행할 의무를 가진 자라

– 갈라디아서 5:3

십일조를 내야 한다고 말하는 것은

예수님께서 십자가에 못 박히심으로 헐었던

율법을 다시 세우는 것이며,

십일조를 내지 못하는 사람들을

범법한 자로 만드는 것입니다.

게다가 십일조를 내야 한다고 말하는 사람은

율법 전체를 행할 의무를 가진 자가 됩니다.

그렇다면 헌금은 어떻게 해야 할까요?

✝ 너희 몸은 너희가 하나님께로부터 받은 바

너희 가운데 계신 성령의 전인 줄을 알지 못하느냐

너희는 너희 자신의 것이 아니라

값으로 산 것이 되었으니 그런즉 너희 몸으로

하나님께 영광을 돌리라

- 고린도전서 6:19~20

✝ 매주 첫날에 너희 각 사람이 수입에 따라 모아 두어서

내가 갈 때에 연보를 하지 않게 하라

- 고린도전서 16:2

✝ 환난의 많은 시련 가운데서 그들의 넘치는 기쁨과

극심한 가난이 그들의 풍성한 연보를 넘치도록

하게 하였느니라

- 고린도후서 8:2

✝ 이것이 곧 적게 심는 자는 적게 거두고

많이 심는 자는 많이 거둔다 하는 말이로다

각각 그 마음에 정한 대로 할 것이요

인색함으로나 억지로 하지 말지니

하나님은 즐겨 내는 자를 사랑하시느니라

- 고린도후서 9:6~7

✝ 심는 자에게 씨와 먹을 양식을 주시는 이가

너희 심을 것을 주사 풍성하게 하시고

너희 의의 열매를 더하게 하시리니

– 고린도후서 9:10

우리의 모든 것은 하나님의 것이며

우리가 가진 모든 재산도 하나님의 것입니다.

헌금은 매주 주일 예배시간에 하는데

기쁜 마음으로 할 수 있다면 많이 할수록 좋습니다.

마게도냐 교회의 성도들은 환난의 많은 시련과

극한 가난 속에서도 넘치도록 헌금했으며,

가난한 과부는 구차한 중에서

자신의 생활비 전부를 헌금했습니다(누가복음 21:4).

마리아는 노동자의 1년 연봉만큼이나 비싼 향유를

예수님을 위해 아낌없이 썼습니다(요한복음 12:3).

십일조를 내지 않아도 된다고 해서
헌금을 적게 하는 것은
예수님을 믿는 사람의 도리가 아닙니다.
예수님께서는 나에게 모든 것을 다 주셨습니다.
그 귀한 목숨까지도 아낌없이 주셨습니다.
우리도 언제든 하나님을 위해 모든 것을
다 바칠 준비가 되어 있어야 합니다.

돈을 가장 가치 있게 쓰는 방법은
하나님께 헌금하는 것입니다.

주의 만찬(성찬식)은 매주 행해야 합니다

내가 너희에게 전한 것은 주께 받은 것이니
곧 주 예수께서 잡히시던 밤에 떡을 가지사
축사하시고 떼어 이르시되
이것은 너희를 위하는 내 몸이니
이것을 행하여 나를 기념하라 하시고
식후에 또한 그와 같이 잔을 가지시고 이르시되
이 잔은 내 피로 세운 새 언약이니
이것을 행하여 마실 때마다 나를 기념하라 하셨으니

너희가 이 떡을 먹으며 이 잔을 마실 때마다

주의 죽으심을 그가 오실 때까지

전하는 것이니라

- 고린도전서 11:23~26

예수님께서 우리에게 주의 만찬(성찬식)을 행하여

예수님을 기념하라고 명령하셨습니다.

예수님의 명령은 우리가 순종할 것인가,

순종하지 않을 것인가 선택의 문제가 아니라

예수님을 믿는 사람이라면

반드시 순종해야 합니다.

그리스도인들에게

주의 만찬을 행하는 시간은

일주일 중에서

가장 중요한 시간이기도 합니다.

그럼 주의 만찬은 언제 행해야 할까요?

주의 만찬을 통해서

우리의 죄를 대속하시기 위하여 죽으셨다가 부활하신

예수님을 기념하고 전하는 것이니까

당연히 예수님께서 부활하신

주일(안식 후 첫날)에 행해야겠죠? 맞습니다.

성경에는 주의 만찬을 언제 행하라는

구체적인 명령이 없으시지만, 성경 말씀을 통해서

간접적으로 알 수 있습니다.

✝ 그 주간의 첫날에 우리가 떡을 떼려 하여 모였더니

바울이 이튿날 떠나고자 하여 그들에게 강론할새

말을 밤중까지 계속하매

– 사도행전 20:7

초대교회 성도들은

주님께서 부활하신 매주 주일에 모여서

주의 만찬을 행하여
우리의 죄를 대속하시기 위하여 죽으셨다가 부활하신
예수님을 기념하고 전했으며,
이것이 신약시대 예배의 시작입니다.

구약시대에는 안식일을 기억하여
거룩하게 지키라고 명령하셨었지만,
신약시대에는 예수님의 명령에 따라
주의 만찬을 중심으로 예배가 이루어졌습니다.
이것이 신약시대 예배의 시작이며,
오늘날까지 예수님의 명령에 순종하여
계속 이어져 내려오고 있습니다.
또한, 예수님께서 오실 때까지
매주 주일에 주의 만찬을 행해야 합니다.
초대교회에서는 몸이 아프거나 해서 예배에 참석하지
못하는 성도가 있으면 몇 명의 성도가

주의 만찬을 준비해서

예배에 참석하지 못한 성도를 찾아가서

주의 만찬을 행하게 했습니다.

그만큼 그들은

예수님의 명령에 순종하기 위해 최선을 다했고,

지금도 같은 방법으로 예수님의 명령에 순종하는

교회들이 있습니다.

그런데 요즘 대부분의 개신교에서는

한 달에 한 번 또는 일 년에 한두 번

주의 만찬을 행하고 있습니다.

이것은 주일 예배의 의미를 너무 모르기 때문에

빚어진 결과라고 생각됩니다.

우리는 매주 주일이면 예배당에 모이고,

성경 말씀에 근거하여

기도하고(사도행전 2:42)

찬송하고(에베소서 5:19, 골로새서 3:16)

말씀 듣고(사도행전 2:42)

헌금하며(고린도전서 16:1~2)

주일 예배를 드립니다.

그런데 주일 예배의 핵심인

주의 만찬을 쏙 빼버리고 예배드린다면

하나님께서 그 예배를 받으실까요?

이어서 주의 만찬의 의미에 대해서

좀 더 알아보겠습니다.

✝ 내가 너로 여자와 원수가 되게 하고

네 후손도 여자의 후손과 원수가 되게 하리니

여자의 후손은 네 머리를 상하게 할 것이요

너는 그의 발꿈치를 상하게 할 것이니라 하시고

– 창세기 3:15

예수님께서는 우리의 죄를 대속하시기 위하여

극심한 고통을 겪으시고 그 귀한 생명까지

모든 것을 다 주셨습니다.

사람들은 예수님의 얼굴에 침을 뱉고

뺨을 때리고 조롱하고 능욕했으며,

채찍 끝에 금속이 달려서

때릴 때마다 살점이 떨어져 나가는 채찍으로

예수님을 사정없이 때렸습니다.

십자가형은 또 어떻습니까?

십자가형은 당시에 사람을

가장 고통스럽게 죽이기 위해 만들어진

가장 잔인하고 끔찍한 형벌이었습니다.

예수님의 손에 아주 큰 못이 박히고

발꿈치에 대못이 박힐 땐

(발등이 아니라 발꿈치에 못이 박혔음)

얼마나 고통스러우셨으며,

못 박힌 상태로 십자가에 매달려 죽기까지
얼마나 고통스러우셨겠습니까?
예수님께서는 아무 죄 없이
우리를 살리시려고 이 모든 고통을 다 겪으셨습니다.

주의 만찬은 매주 주일
예수님의 몸을 상징하는 떡과
예수님의 피로 세운
새 언약을 상징하는 잔을 통해서
하나님께서
우리 주 예수 그리스도를 통하여 나타내신
그 사랑이 얼마나 큰 사랑인지
기억하고 기념하고 전하는 시간이며,
예수님께서 나 때문에 당하신
그 고통과 죽음을 생각하며
내가 다시는 나를 위해 살지 않고

나를 위해 대신 죽었다가 다시 사신

우리 주 예수 그리스도를 위하여 살겠다고

거듭 다짐하는 시간이기도 합니다.

이렇게 깊은 의미가 있으며,

무엇보다도 주님의 명령인 주의 만찬(성찬식)을

쏙 빼버리고 주일 예배를 드린다면

그 예배는 누구를 위한 예배입니까?

그럼 주의 만찬을 행할 때

떡과 잔은 무엇으로 하나요?

예수님께서는 떡과 잔을

무엇으로 하라는 말씀을 하지 않으시고

직접 보여주셨습니다.

예수님께서는 누가복음 22장 10절에서 20절 말씀을

통해서 직접적으로

무교병(밀가루에 물과 소금 기름을 넣고 반죽하여

구우면 됩니다(레위기 2:4~13).)

과 포도즙 또는 포도주로

주의 만찬을 행해야 한다는 것을 보여 주셨습니다.

그런데 어떤 곳에서는 무교병 대신

카스테라나 뻥튀기 비슷한 과자로

주의 만찬을 행하는 곳도 있는데,

자신들 마음대로 주의 만찬을 행한다면

성경 말씀은 왜 있으며

성경 말씀이 무슨 필요가 있겠습니까?

포도즙이나 포도주 대신

콜라나 오렌지 주스로 하지 않으니

다행이라고 생각해야 하나요?

이 세상에 사람이

오직 나 한 명이라고 가정해 봅시다.

예수님께서는 평생을 나를 위해 사셨으며,

나 때문에

잔인하고 끔찍하고 극심한 고통을 겪으셨으며

그럼에도 불구하고

나에게 그 귀한 생명까지 모든 것을 다 주셨으며

지금도 나만 바라보고 계십니다.

죄의 유혹이 있을 때마다

나 때문에 십자가에 못 박히신 예수님을

떠올려 보세요.

행함이 없는 믿음은 그 자체가 죽은 것이라

성경에서 말씀하시는 믿음은

추상적인 개념의 믿음이 아니며,

하나님의 말씀을 전적으로 신뢰하고

나의 목숨보다 하나님을 더 사랑하며

최선을 다해 하나님의 말씀에

순종하는 것을 의미합니다.

구원이 하나님의 은혜이며 선물이라고 해서

순종하지 않고 그냥 믿기만 하면

다 주어지는 것이 아닙니다.

그렇게 쉽게 얻을 수 있는 구원이라면

왜 그토록 많은 사람이 목숨까지 바쳐가며

순종의 길을 택하겠습니까?

믿음이 순종을 의미한다는 것을

하나님의 말씀에서 찾아보도록 하겠습니다.

✝ 너희가 나를 사랑하면 나의 계명을 지키리라

– 요한복음 14:15

✝ 만일 누구든지 주를 사랑하지 아니하면

저주를 받을 지어다 우리 주여 오시옵소서

– 고린도전서 16:22

✝ 그러므로 나의 사랑하는 자들아

너희가 나 있을 때뿐 아니라

더욱 지금 나 없을 때에도

항상 복종하여 두렵고 떨림으로

너희 구원을 이루라

– 빌립보서 2:12

✝ 너희는 내게 배우고 받고 듣고 본 바를 행하라

그리하면 평강의 하나님이 너희와 함께 계시리라

– 빌립보서 4:9

✝ 내가 내 몸을 쳐 복종하게 함은

내가 남에게 전파한 후에 자신이 도리어

버림을 당할까 두려워함이로다

– 고린도전서 9:27

✝ 내 형제들아 만일 사람이 믿음이 있노라 하고

행함이 없으면 무슨 유익이 있으리요

그 믿음이 능히 자기를 구원하겠느냐

– 야고보서 2:14

✝ 이와 같이 행함이 없는 믿음은 그 자체가

죽은 것이라

– 야고보서 2:17

† 이로 보건대 사람이 행함으로 의롭다 하심을 받고

믿음으로만은 아니니라

– 야고보서 2:24

† 그가 아들이시면서도 받으신 고난으로 순종함을 배워서

온전하게 되셨은즉 자기에게 순종하는 모든 자에게

영원한 구원의 근원이 되시고

– 히브리서 5:8~9

† 외모로 보시지 않고

각 사람의 행위대로 심판하시는 이를

너희가 아버지라 부른즉 너희가 나그네로 있을 때를

두려움으로 지내라

– 베드로전서 1:17

† 그를 아노라 하고 그의 계명을 지키지 아니하는 자는

거짓말하는 자요 진리가 그 속에 있지 아니하되

– 요한1서 2:4

† 이 세상도, 그 정욕도 지나가되 오직 하나님의 뜻을

행하는 자는 영원히 거하느니라

– 요한1서 2:17

지극히 당연하고 상식적인 말이지만
예수님을 믿는다고 하면서도
예수님의 말씀에 순종하지 않는다면
그것을 어떻게 믿음이라고 할 수 있겠습니까?
하나님께서는 분명히 그런 믿음으로는
구원받을 수 없다고 말씀하십니다.
스데반 집사는 예수님을 믿었기 때문에
돌에 맞아 죽는 것도 두려워하지 않고
끝까지 믿음을 지키다가 순교하였으며,
(사도행전 7:59~60)
모세는 하나님을 믿었기 때문에
애굽의 권력과 모든 부귀영화를 다 버리고
오히려 하나님의 백성과 함께 고난받기를

잠시 죄악의 낙을 누리는 것보다

더 좋아했습니다(히브리서 11:24~26).

또한, 바울은 예수님을 믿었기 때문에

수없이 맞고 여러 번 죽을 뻔하고

극심한 고난 속에서도 복음을 전하며 죽는 날까지

순종했으며(디모데후서 4:7~8),

베드로의 복음을 듣고

마음에 찔린 많은 사람은

회개하고 예수 그리스도의 이름으로

세례(침례)를 받으면 죄사함을 받고

성령의 선물(성령의 내주하심)을 받는다는

말씀을 믿었기 때문에 회개하고 세례(침례) 받아

죄사함을 받고 성령을 선물로 받았습니다.

그 결과 이날에 제자의 수가 삼천이나

더하였습니다. (사도행전 2:36~41)

이와 같이 믿음은 말씀을 듣고

말씀에 순종하는 것이며,

순종할 때 나에게 하나님의 약속이 이루어집니다.

✝ 예수께서 이르시되 네가 온전하고자 할진대
가서 네 소유를 팔아 가난한 자들에게 주라
그리하면 하늘에서 보화가 네게 있으리라
그리고 와서 나를 따르라 하시니
그 청년이 재물이 많으므로 이 말씀을 듣고
근심하며 가니라

– 마태복음 19:21~22

✝ 그러나 관리 중에도 그를 믿는 자가 많되
바리새인들 때문에 드러나게 말하지 못하니
이는 출교를 당할까 두려워함이라
그들은 사람의 영광을 하나님의 영광보다
더 사랑하였더라

– 요한복음 12:42~43

† 그들이 하나님을 시인하나 행위로는 부인하니

가증한 자요 복종하지 아니하는 자요

모든 선한 일을 버리는 자니라

– 디도서 1:16

† 나더러 주여 주여 하는 자마다

다 천국에 들어갈 것이 아니요

다만 하늘에 계신 내 아버지의 뜻대로

행하는 자라야 들어가리라

– 마태복음 7:21

위의 말씀에 언급된 사람들의 공통점은

저들에게 믿음은 있었으나

순종하지 않았다는 점입니다.

이처럼 믿기만 하고 순종하지 않는다면

그것은 죽은 믿음이며,

죽은 믿음으로는

천국에 들어갈 수 없다고 말씀하십니다.

✝ 아버지나 어머니를 나보다 더 사랑하는 자는
내게 합당하지 아니하고
아들이나 딸을 나보다 더 사랑하는 자도
내게 합당하지 아니하며
또 자기 십자가를 지고 나를 따르지 않는 자도
내게 합당하지 아니하니라
자기 목숨을 얻는 자는 잃을 것이요
나를 위하여
자기 목숨을 잃는 자는 얻으리라
– 마태복음 10:37~39

누구나 알고 있듯이
십자가는 고난과 죽음을 상징합니다.
즉, 고난과 죽음을 각오하고

예수님의 말씀에 순종하는 삶이
예수님을 믿는 사람들의 삶이며,
다시는 나 자신을 위하여 살지 않고
오직 나를 대신하여 죽었다가 다시 사신
예수 그리스도를 위하여
살아가는 삶 역시
예수님을 믿는 사람들의 삶입니다.
예수님을 믿는 사람이라면
내가 원하는 것을 하며 살 것이 아니라
하나님께서 나에게 원하는 것을 하며 살아야 합니다.
그런데 그렇게 살고 계십니까?
예수님을 믿지 않는 사람들도
예수님을 믿는 사람이라면
예수님의 말씀에 순종하며 살아야 한다는 것을
알고 있습니다.
그럼에도 불구하고 예수님을 믿는다는 사람들이

예수님의 말씀에 불순종하며 살아간다면
얼마나 저들에게 조롱거리가 되겠습니까?
요즘엔 오히려 예수님을 믿지 않는 사람들이
예수님을 믿는 사람들에게
예수님의 말씀에 순종하며 살라고 아우성입니다.
저들의 조롱과 비웃음과 아우성이
들리지 않습니까?

한 가지 덧붙이자면
절대로 자신의 체험에 의지해서 신앙생활 해서는
안 됩니다.
사탄도 기적을 행하며 자기를 광명의 천사로
가장합니다(고린도후서 11:14).
사람들의 체험은 얼마든지 왜곡될 수 있습니다.
완전한 하나님의 말씀이 있는데
왜 자신의 체험에 의지해서 신앙생활 합니까?

하나님의 말씀을 전적으로 믿지 못해서입니까?

아니면 자신의 체험을

하나님의 말씀보다 더 믿기 때문입니까?

아니면 하나님의 말씀을 잘 모르기 때문입니까?

하나님의 말씀을 모르면

하나님의 말씀에 순종할 수가 없으며,

그것은 모두 자기 자신의 책임입니다.

무엇보다 하나님의 말씀을 열심히 공부하세요.

회개에 대하여

✝ 여호와는 마음이 상한 자를 가까이 하시고

충심으로 통회하는 자를 구원하시는도다

– 시편 34:18

✝ 너희에게 이르노니

아니라 너희도 만일 회개하지 아니하면

다 이와 같이 망하리라

– 누가복음 13:3

✝ 먼저 다메섹과 예루살렘에 있는 사람과 유대 온 땅과

이방인에게까지 회개하고 하나님께로 돌아와서

회개에 합당한 일을 하라 전하므로

– 사도행전 26:20

회개란 아무 생각 없이 죄지으며 살다가

교회 가서 죄를 고백하고

지은 죄를 용서해달라고 기도하고 또

같은 죄를 반복해서 계속 짓고 그런 것이 아닙니다.

죄를 뉘우치고 바로잡아 고치고

죄를 짓지 않기 위해서

최선을 다하며 살아가는 것입니다.

죄란 하나님의 말씀에

불순종하는 모든 것이 죄입니다.

예를 들어

✝ 너희는 마음에 근심하지 말라

하나님을 믿으니 또 나를 믿으라

– 요한복음 14:1

✝ 밤에 주께서 환상 가운데 바울에게 말씀하시되

두려워하지 말며 침묵하지 말고 말하라

– 사도행전 18:9

하나님께서 근심하지 말라고 말씀하셨는데

세상일로 근심하는 것은 죄이며(고린도후서 7:10),

두려워하지 말라고 말씀하셨는데

하나님 외에 다른 것을 두려워하는 것도

(요한계시록 21:8)

불순종이고 죄입니다.

근심하고 두려워하는 것은

하나님을 전적으로 신뢰하지 못하기 때문에

근심하고 두려워하게 되는 것입니다.

근심과 두려움을 안고 사는 사람들은

근심과 두려움 때문에

또 다른 죄를 저지를 수도 있습니다.

하나님께서 하라고 하신 것을

하지 않는 것도 죄이고,

하지 말라고 하신 것을

하는 것도 죄입니다.

그래서일까요?

사람들은

사람이 죄짓지 않고 어떻게 살 수 있냐고 말합니다.

한 가지 죄를 지으나 열 가지 죄를 지으나

어차피 죄짓는 건 마찬가지 아니냐며

자신에게 손해가 된다고 생각되면 불순종하고,

별로 손해가 되지 않는다고 생각되면

순종하기도 합니다.

모든 것의 기준이 하나님의 말씀이 아니라

자신에게 이익이 되느냐

손해가 되느냐가 되어버렸습니다.

하지만 죄인 줄 알면서도 죄를 짓는 것과

죄를 짓지 않기 위해서 최선을 다하며 살다가

실수로 죄를 짓는 것은 완전히 다릅니다.

또한, 그 모든 것에 대한 심판은

하나님께서 하실 것이며,

우리가 할 수 있는 것은

하나님의 말씀에 순종하며

평생 죄짓지 않기 위해서

최선을 다하며 살아가는 것뿐입니다.

예수님을 믿지 않는 사람들이

예수님을 믿는다는 사람들을 비웃고 조롱하는

이유 중 하나는

예수님을 믿는다는 사람들이

죄를 더 많이 짓는 거 같기도 하고

예수님을 믿지 않는 사람들과

별로 다르지 않다고 생각되기 때문이기도 합니다.

예수님을 믿는 사람이라면

당연히 세상 사람들과

구별되게(거룩하게) 살아야 하며,

당연히 세상의 빛과 소금으로 살아야 합니다.

빛이 빛을 잃고 소금이 짠맛을 잃으면

버려지고 조롱거리가 될 뿐입니다.

이제라도 뉘우치고 바로잡아 고치고

죄짓지 않기 위해서 최선을 다하며 살아야 합니다.

침례(세례)에 대하여

성경을 전체적으로 읽어볼 때

우리가 구원을 받기 위해서는

1. 복음을 듣고 믿어야 한다고 말씀하십니다.

(요한복음 3:16, 에베소서 2:8),

2. 회개하여야 한다고 말씀하십니다.

(누가복음 13:3, 사도행전 26:20)

3. 예수님을 주로 시인하여야 한다고 말씀하십니다.

(로마서 10:9~10)

4. 침례 받아야 한다고 말씀하십니다.

(마가복음 16:16, 요한복음 3:5, 사도행전 2:38,
사도행전 22:16)

5. 하나님의 말씀에 순종하며 죽는 날까지
믿음을 지켜가야 한다고 말씀하십니다.
(디모데후서 4:7~8)

그렇다면 이 말씀 중에
한 가지 말씀에만 순종하면 구원받을 수 있습니까?
상식적으로 생각해도
모든 말씀에 순종해야 하지 않겠습니까?
여기서는 침례에 대해서
구체적으로 알아보도록 하겠습니다.

신약은 헬라어로 기록되어 있는데
침례는 헬라어로 '밥티스마' 동사는 '밥티조'이며,
그 뜻은 '담그다', '침수하다.'라는 뜻입니다.

그런데 한국 성경에 '밥티스마'가

세례로 번역된 것은

침례를 받을 때 죄사함을 받기 때문에

죄를 씻는다는 의미에 중점을 두고

세례로 번역되지 않았나 생각됩니다.

그런데 여기서는 세례라고 쓰더라도

헬라어 그대로 침례라고 읽어 보십시오.

† 예수께서 세례를 받으시고 곧 물에서 올라오실새

하늘이 열리고 하나님의 성령이

비둘기 같이 내려 자기 위에 임하심을 보시더니

하늘로부터 소리가 있어 말씀하시되

이는 내 사랑하는 아들이요

내 기뻐하는 자라 하시니라

– 마태복음 3:16~17

† 베드로가 이르되 너희가 회개하여 각각

예수 그리스도의 이름으로 세례를 받고

죄사함을 받으라 그리하면

성령의 선물을 받으리니

– 사도행전 2:38

✝ 이제는 왜 주저하느냐 일어나 주의 이름을 불러

세례를 받고 너의 죄를 씻으라 하더라

– 사도행전 22:16

예수 그리스도께서 직접 침례를 받으심으로

우리에게 본을 보이셨고,

우리에게 회개하고 침례 받으라고 명령하셨으며,

우리가 회개하고 침례 받으면

우리의 죄를 사하여 주시고

성령의 선물(성령의 내주하심, 성경에서 구원은 선물로 표현되고 있습니다.)을 주신다고 약속하셨습니다.

† 믿고 세례를 받는 사람은 구원을 얻을 것이요

믿지 않는 사람은 정죄를 받으리라

– 마가복음 16:16

† 예수께서 대답하시되 진실로 진실로 네게 이르노니

사람이 물과 성령으로 나지 아니하면

하나님의 나라에 들어갈 수 없느니라

– 요한복음 3:5

† 물은 예수 그리스도께서 부활하심으로 말미암아

이제 너희를 구원하는 표니 곧 세례라

이는 육체의 더러운 것을 제하여 버림이 아니요

하나님을 향한 선한 양심의 간구니라

– 베드로전서 3:21

† 그러므로 너희는 가서 모든 민족을 제자로 삼아

아버지와 아들과 성령의 이름으로 세례를 베풀고

내가 너희에게 분부한 모든 것을 가르쳐 지키게 하라

볼지어다 내가 세상 끝날까지

너희와 항상 함께 있으리라 하시니라

– 마태복음 28:19~20

✝ 만일 너희 속에 하나님의 영이 거하시면

너희가 육신에 있지 아니하고 영에 있나니

누구든지 그리스도의 영이 없으면

그리스도의 사람이 아니라

– 로마서 8:9

예수 그리스도께는 죄를 사하는

권세가 있으십니다(마가복음 2:10).

예수 그리스도께서 우리의 죄를 대속하시기 전에는

예수 그리스도를 만나기 위해

남의 집 지붕을 뚫고 내려온 중풍 병자도 그렇고

예수님 옆에 달린 십자가의 강도도 그렇고

많은 사람의 믿음을 보시고

그들의 죄를 사하여 주셨습니다.

하지만 예수 그리스도께서

우리의 죄를 대속하시고 부활하신 후에는

우리가 복음을 듣고 믿고 회개하고 신앙고백하고

침례 받을 때 우리의 죄를 사하여 주시고

성령을 선물로 주신다고 약속하셨습니다.

† 누구든지 그리스도와 합하기 위하여 세례를 받은 자는

그리스도로 옷 입었느니라

– 갈라디아서 3:27

† 주와 합하는 자는 한 영이니라

– 고린도전서 6:17

† 보라 내가 도둑 같이 오리니 누구든지 깨어

자기 옷을 지켜 벌거벗고 다니지 아니하며

자기의 부끄러움을 보이지 아니하는 자는

복이 있도다

– 요한계시록 16:15

임금의 혼인 잔치에 초대된 사람 중에

예복을 입지 않은 사람은

손과 발을 결박하여 바깥 어두운 데에 내던지라는

말씀이 있는데(마태복음 22:12~13)

침례는 혼인 잔치에 필요한

예복을 입기 위함이기도 합니다.

✝ 무릇 그리스도 예수와 합하여 세례를 받은 우리는

그의 죽으심과 합하여

세례를 받은 줄을 알지 못하느냐

그러므로 우리가

그의 죽으심과 합하여 세례를 받음으로

그와 함께 장사되었나니

이는 아버지의 영광으로 말미암아

그리스도를 죽은 자 가운데서 살리심과 같이

우리로 또한 새 생명 가운데서

행하게 하려 함이라

– 로마서 6:3~4

✝ 너희가 세례로 그리스도와 함께 장사되고

또 죽은 자들 가운데서

그를 일으키신 하나님의 역사를

믿음으로 말미암아 그 안에서 함께

일으키심을 받았느니라

– 골로새서 2:12

✝ 만일 우리가 그리스도와 함께 죽었으면

또한 그와 함께 살 줄을 믿노니

– 로마서 6:8

✝ 미쁘다 이 말이여 우리가 주와 함께 죽었으면

또한 함께 살 것이요

– 디모데후서 2:11

침례는 나를 위하여 살던 나는 죽고

그리스도인으로 다시 태어나서

새 생명 가운데서 행하게 하려 함이기도 합니다.

그럼에도 불구하고

많은 사람이 자신들은 성령세례를 받았으니까

침례 받지 않아도 된다고 말하는데,

오순절 날에 일어났던 일들이

지금도 일어나고 있습니까?

하늘로부터 급하고 강한 바람 같은 소리가 있고

불의 혀 같이 갈라지는 것이 각 사람 위에 임하고

사람들은 전혀 배운 적도 없는

외국어로 말하는 것을

본 적이 있습니까?(사도행전 2:2~4)

또한, 성령세례를 받을 때

성령께서 내주하시게 된다고

하나님께서 약속해 주셨습니까?

오순절 날 한 곳에 모여 있던 제자들은

오순절 전에 이미 성령을 받고

성령께서 내주해 계셨습니다(요한복음 20:22).

고넬료와 함께 모여 있던

그의 일가와 가까운 친구들은 어떻습니까?

그들도 베드로가 오순절 날에 받았던

성령세례를 받았지만

성령의 선물(성령의 내주하심)을 받기 위해서

침례를 받았습니다(사도행전 10:47~48).

하나님께서는 누구를 통해서든

말하게 하실 수 있습니다.

발람이 타고 가던 나귀가

여호와의 역사하심으로 말을 했다고 해서

(민수기 22:28)

그 나귀가 구원을 받았다거나

그 나귀에게 성령께서 내주해 계시는 것은 아닙니다.

✝ 이 백성이 입술로는 나를 공경하되

마음은 내게서 멀도다

사람의 계명으로 교훈을 삼아 가르치니

나를 헛되이 경배하는도다

하였느니라 하시고

– 마태복음 15:8~9

많은 사람은 침례나 약식 세례를 받는 이유에 대해서

어떤 사람이 예수님을 믿게 되었다고

사람들에게 알리는 의미에서 침례나 약식 세례를

받는다고 말합니다.

그런데 그런 이유라면

사람들이 많이 모이는 광장 같은 데서

큰 소리로 외치는 것이 더욱 효과적일 텐데

성경에 기록된 사람들은

왜 사람들이 잘 찾지도 않는 강이나 계곡처럼

물이 많은 곳으로 일부러 찾아가서
침례를 받았겠습니까?
복음을 듣고 믿고 회개하고 신앙고백하고
침례를 받을 때는
'내가 침례를 받을 때 죄사함을 받고
성령을 선물로 받게 된다'는 것을
믿고 침례 받아야 합니다.
믿음을 따라 하지 아니하는 것은 다 죄라고
말씀하셨기 때문입니다(로마서 14:23).

† 아론의 아들 나답과 아비후가 각기 향로를 가져다가
여호와께서 명령하시지 아니하신 다른 불을 담아
여호와 앞에 분향하였더니
불이 여호와 앞에서 나와 그들을 삼키매
그들이 여호와 앞에서 죽은지라
— 레위기 10:1~2

† 경기하는 자가 법대로 경기하지 아니하면
승리자의 관을 얻지 못할 것이며
– 디모데후서 2:5

나답과 아비후를 생각하면 예수 그리스도께서
직접 모범까지 보이시고 명령하신 침례를
우리 마음대로
그 의미와 형식까지 바꾸어 행한다는 것이
얼마나 교만하고 큰 죄인지 깨닫게 될 것입니다.
우리가 구원받을 수 있는 유일한 길은
복음을 듣고 믿고 회개하고 신앙고백하고
침례 받는 길뿐이며,
침례 받은 이후에는
주의 만찬(성찬식)에 참여할 수 있게 되고
이 세상 떠나는 그 날까지
하나님의 말씀에 순종하며

믿음을 지켜가야 합니다.

† 나를 저버리고 내 말을 받지 아니하는 자를

심판할 이가 있으니 곧 내가 한 그 말이

마지막 날에 그를 심판하리라

– 요한복음 12:48

고난에 대하여

사람들은 예배시간에 달콤한 말을 듣고 싶어 합니다.

그래서 목사님들은 설교하실 때

귀에 쓴 말씀보다는 달콤한 말씀을 많이 하게 되고

사람들의 믿음은 점점 기복신앙이 되어서

돈도 많이 벌고

사회에서 성공도 하고

건강하게 살기 위해서 하나님을 찾게 됩니다.

게다가 달콤한 말씀 위주로 설교를 하시게 되면

사람들은 많이 모이게 될지 모르겠지만,

그 사람들은 서서히 죽어갑니다.

성경에서는 예수님을 믿는 사람들이 받아야 할

고난에 대해서 반복해서 말씀하고 계십니다.

✝ 이것을 너희에게 이르는 것은 너희로 내 안에서
평안을 누리게 하려 함이라
세상에서는 너희가 환난을 당하나 담대하라
내가 세상을 이기었노라
– 요한복음 16:33

✝ 자녀이면 또한 상속자 곧 하나님의 상속자요
그리스도와 함께 한 상속자니
우리가 그와 함께 영광을 받기 위하여
고난도 함께 받아야 할 것이니라
생각하건대
현재의 고난은 장차 우리에게 나타날 영광과

비교할 수 없도다

– 로마서 8:17~18

† 다만 이뿐 아니라 우리가 환난 중에도 즐거워하나니

이는 환난은 인내를, 인내는 연단을, 연단은 소망을

이루는 줄 앎이로다

– 로마서 5:3~4

† 그리스도를 위하여 너희에게 은혜를 주신 것은

다만 그를 믿을 뿐 아니라 또한 그를 위하여

고난도 받게 하려 하심이라

– 빌립보서 1:29

† 무릇 그리스도 예수 안에서

경건하게 살고자 하는 자는

박해를 받으리라

– 디모데후서 3:12

† 형제들아 우리가 아시아에서 당한 환난을

너희가 모르기를 원하지 아니하노니

힘에 겹도록 심한 고난을 당하여 살 소망까지 끊어지고

우리는 우리 자신이 사형 선고를 받은 줄 알았으니

이는 우리로 자기를 의지하지 말고

오직 죽은 자를 다시 살리시는

하나님만 의지하게 하심이라

– 고린도후서 1:8~9

✝ 그러므로 너희가 견디고 있는 모든 박해와 환난 중에서

너희 인내와 믿음으로 말미암아

하나님의 여러 교회에서 우리가 친히 자랑하노라

이는 하나님의 공의로운 심판의 표요

너희로 하여금

하나님의 나라에 합당한 자로 여김을 받게 하려 함이니

그 나라를 위하여

너희가 또한 고난을 받느니라

– 데살로니가후서 1:4~5

예수님을 믿는 사람이라면

필수적으로 어떤 형태로든

고난을 겪게 됩니다.

하나님께서는 고난을 통하여

우리를 단련시키시고

하나님의 나라에 합당한 자들로 여김을 받게 하시며

어린아이가 부모님만 의지해서 살아가는 것처럼

우리가 하나님만 의뢰하게 하십니다.

또한, 하나님께서 우리를 징계하시는 이유는

우리가 세상과 함께 정죄함을 받지 않게

하시려고 우리를 징계하십니다(고린도전서 11:32).

그러므로 내가 계속 죄를 지으며 살아가고

있음에도 불구하고

하나님의 징계가 없다면

내가 하나님의 자녀가 맞는지 생각해 보아야 합니다.

하나님께서는 언제나 그 자녀들에게

가장 적당한 때에 가장 좋은 것으로 주십니다.

그런데 나에게 가장 좋은 것은

때에 따라 가난이나 질병이나

또 다른 고난이 될 수도 있습니다.

지금 내가 겪고 있는 고난도

나에게는 가장 좋은 것이 될 수 있으며,

나를 사랑하시는 하나님께서

내가 겪는 모든 고난을

넉넉히 이길 수 있도록 도우십니다.

✝ 사람이 감당할 시험 밖에는 너희가 당한 것이 없나니

오직 하나님은 미쁘사

너희가 감당하지 못할 시험 당함을 허락하지 아니하시고

시험 당할 즈음에 또한 피할 길을 내사

너희로 능히 감당하게 하시느니라

– 고린도전서 10:13

여자는 교회에서 잠잠하라

† 여자는 교회에서 잠잠하라

그들에게는 말하는 것을 허락함이 없나니

율법에 이른 것 같이 오직 복종할 것이요

만일 무엇을 배우려거든

집에서 자기 남편에게 물을지니

여자가 교회에서 말하는 것은 부끄러운 것이라

– 고린도전서 14:34~35

† 그러므로 감독은 책망할 것이 없으며

한 아내의 남편이 되며~

- 디모데전서 3:2

✝ ~각 성에 장로들을 세우게 하려 함이니

책망할 것이 없고 한 아내의 남편이며~

- 디도서 1:5~6

✝ 집사들은 한 아내의 남편이 되어

자녀와 자기 집을 잘 다스리는 자일지니

- 디모데전서 3:12

교회의 규정은 하나님께서 정하셨으며,

하나님 외에 그 누구도 교회의 규정을

만들 수 없습니다.

우리는

하나님께서 정하신 규정에 순종하면 되는 겁니다.

여자는 교회에서 잠잠하라고

하나님께서 명령하셨으며,

장로의 자격과

집사의 자격에 대해서도

한 아내의 남편이어야 한다고 정해 주셨습니다.

이것은 남녀 차별이 아니라

교회 안에서

남자와 여자의 역할이 다른 것일 뿐입니다.

사람들은

하나님께서 금하신 것을

하나님께서 자기에게 맡기신 사명이라며

사명을 잘 감당하게 해달라고 기도합니다.

설령 그것이 잘되어지는 것처럼 보일지 몰라도

그것은 하나님과 상관없이 되는 것일 뿐입니다.

사람들은 자신들의 편리에 따라서

하나님의 말씀보다 자신들이 만든 규정을

더 우선시합니다.

여자 목사, 여자 장로, 여자 집사

이 모든 직분은 불순종이며, 죄악입니다.

하나님을 두려워하지 않는 사람들이

많아도 너무 많아서 정말 걱정입니다.

✝ 너희가 나를 사랑하면 나의 계명을 지키리라

– 요한복음 14:15

✝ 만일 누구든지 주를 사랑하지 아니하면

저주를 받을지어다 우리 주여 오시옵소서

– 고린도전서 16:22

예배 시간에 악기 연주는 불순종

시와 찬송과 신령한 노래들로 서로 화답하며

너희의 마음으로 주께 노래하며 찬송하며

– 에베소서 5:19

그리스도의 말씀이 너희 속에 풍성히 거하여

모든 지혜로 피차 가르치며 권면하고

시와 찬송과 신령한 노래를 부르며

감사하는 마음으로 하나님을 찬양하고

– 골로새서 3:16

언제부터인가 예배시간이면

가수 공연장이나 작은 음악회를 보는듯한

장면이 연출되기도 합니다.

사람들은 기타나 드럼 그리고 키보드를 비롯한

각종 악기를 동원하여

현란한 손놀림으로 악기를 연주하고,

앞에서 찬송하는 사람들은

많은 사람의 시선을 한몸에 받게 되고

몸까지 흔들어가며 마음껏

자신들의 노래 실력을 발휘합니다.

자리에 앉아서 구경하는 사람들은 또 어떻습니까?

능숙하게 악기를 다루는 사람들과

빼어난 노래 실력을 발휘하며 찬송하는 사람들에게

마음을 집중하며

감탄하기도 하고, 부러워하기도 합니다.

그런데 이러한 모든 행위를 비롯해서

예배시간에 특송이나 성가대나 악기를 연주하는 것이
모두 다 하나님의 말씀에 불순종하는 것이며,
하나님께 온전히 올려져야 할 영광을
가로채는 행위라는 것을 알고 계십니까?

하나님께서는 우리에게 노래하라고 명령하셨으며,
이 말씀은 우리 모두에게 하신 말씀이시기 때문에
예배에 참여하는 모든 사람이
함께 마음을 담아 노래해야 합니다.
모두가 함께 찬송하는 것 외에
악기를 연주하거나
일부 사람들만 찬송하는 특송이나 성가대는
불순종이 되는 것입니다.
너무 오랜 기간 예배시간에
악기 연주에 맞추어 찬송을 하고
성가대가 대표로 찬송하는 모습을 보아왔기 때문에

이해가 잘 안 될지도 모르겠습니다.

하지만 아래 말씀을 보시면

이해되실 겁니다.

✝ 너는 조각목으로 상을 만들되
길이는 두 규빗, 너비는 한 규빗,
높이는 한 규빗 반이 되게 하고
순금으로 싸고 주위에 금 테를 두르고
– 출애굽기 25:23~24

하나님께서는 진설병을 두는 상을 만들 때

그 재료와 길이, 넓이, 높이까지

자세히 말씀해 주셨습니다.

그런데 상을 만들 때

하나님께서 명령하신 조각목으로 만들지 않고

백향목으로 만들었었다면 어떻게 됐었을까요?

아니면 하나님의 말씀대로 다 만들고
거기에 각종 보석을 더해서 장식했었다면
어떻게 됐었을까요?
하나님께서 정해 주셨는데
하나님께서 정해 주신 것 이외의 것을
더하거나 바꾸거나 하는 것은
나의 생각이 하나님께서 말씀하신 것보다
더 나을 수 있다는
교만한 생각에서 비롯된 불순종입니다.

예배시간에 악기를 연주하고
성가대에서 찬송하는 분들은
시간을 내서 열심히 연습도 하고,
좋은 의도를 가지고 그렇게 하실 겁니다.
하지만 좋은 의도를 가지고 했다고 해서
그것이 죄가 되지 않는 것은 아닙니다.

하나님의 궤를 새 수레에 싣고 가다가
소들이 뛰므로 웃사가 손을 들어
하나님의 궤를 붙들었습니다.
그때 하나님께서는 진노하시어 웃사를 치시고
웃사는 죽었습니다(사무엘하 6:7).
웃사도 분명히 좋은 의도를 가지고 그랬었을 겁니다.
하지만 웃사의 행위는 불순종이었고(역대상 15:2),
웃사는 불순종으로 죽게 된 것이었습니다.
하나님의 말씀은 모든 것 위에 계십니다.

어떤 사람들은 구약시대에도
악기를 사용하지 않았었냐고
주장하실지 모르겠습니다.
하지만 여러 가지 주장을 다 떠나서
지금은 구약시대가 아니라 신약시대입니다.
신약의 말씀에 순종하면 되는 겁니다.

초대교회 때부터 하나님의 말씀에 따라

수백 년간은

예배 시간에 악기를 사용하지 않아 오다가

가톨릭에서 악기를 사용하기 시작했었고,

종교개혁 당시에도

종교개혁을 주도했던 몇몇 사람이

예배 시간에 악기를 연주하는 것을 금지했었습니다.

하지만 사람들은 예배 시간에 악기를 연주하고,

악기 연주에 맞추어 찬송하는 것을 더 좋아했습니다.

예배 시간에 악기 연주에 맞추어 찬송하는 것은

하나님께서 원하시는 예배가 아니라

내가 원하는 예배를 드리고 있는 겁니다.

하나님께서 원하시는 예배가 아니라

내가 원하는 예배를 드린다면

하나님께서 받으시겠습니까?

하나님의 말씀에 순종하지 않으면서

형식적인 예배만 드리는 사람들에게

하나님께서는 지금도 경고하고 계십니다.

나답과 아비후는 여호와께서 명령하신 불이 아니라

자신들이 원하는 불을 향로에 담아

여호와 앞에 분향하였다가

죽임을 당했습니다.

그 무엇도 하나님의 말씀보다

우선시될 수는 없습니다.

예배시간에 악기를 연주하거나

특송이나 성가대를 두는 것은

예배드릴 때마다

죄를 더하는 것임을 명심해야 합니다.

지금도 세계 여러 나라에서는 예배 시간에

악기를 사용하지 않고, 성가대나 특송 없이

모든 성도가 함께 마음을 담아

찬송하는 교회가 많습니다.

✝ 백성이 일제히 응답하여 이르되

여호와께서 명령하신 대로 우리가 다 행하리이다

– 출애굽기 19:8

성령의 은사에 대하여

✝ 다 놀라 신기하게 여겨 이르되

보라 이 말하는 사람들이 다 갈릴리 사람이 아니냐

우리가 우리 각 사람이 난 곳 방언으로

듣게 되는 것이 어찌 됨이냐

우리는 바대인과 메대인과 엘람인과 또 메소보다미아,

유대와 갑바도기아, 본도와 아시아,

브르기아와 밤빌리아,

애굽과 및 구레네에 가까운

리비야 여러 지방에 사는 사람들과

로마로부터 온 나그네

곧 유대인과 유대교에 들어온 사람들과

그레데인과 아라비아인들이라

우리가 다 우리의 각 언어로

하나님의 큰 일을 말함을 듣는도다 하고

– 사도행전 2:7~11

✝ 사랑은 언제까지나 떨어지지 아니하되

예언도 폐하고 방언도 그치고 지식도 폐하리라

우리는 부분적으로 알고 부분적으로 예언하니

온전한 것이 올 때에는 부분적으로 하던 것이

폐하리라

– 고린도전서 13:8~10

위 성경 말씀에서 보는 바와 같이

방언은 뜻도 없는 몇 개의 단어를

계속 반복해서 말하는 것이 아니라
내가 전혀 배운 적도 없는
외국어를 말하게 되는 것이었습니다.
또한, 온전한 것(신약성경)이 올 때는
예언도 폐하고, 방언도 그치고,
부분적으로 하던 것이 폐하리라고 말씀하셨습니다.

바울에게는 악귀를 쫓아내고
병을 고치는 권능이 있었습니다.(사도행전 19:11~12)
그런데 바울은
디모데가 병들었을 때
치료하지 못했으며(디모데전서 5:23)
드로비모가 병들었을 때도
치료하지 못했습니다(디모데후서 4:20).
바울의 몸에서 손수건이나 앞치마를 가져다가
병든 사람에게 얹기만 해도 병이 치료됐었지만

온전한 것(신약성경이 기록되면서부터)이 오면서

바울의 병 고치는 능력도

사라진 것으로 보입니다.

신약성경이 기록되기 전에는

하나님께서

표적들과 기사들과 여러 가지 능력 등으로

복음을 증거해 주셨습니다(히브리서 2:4).

하지만 지금은 성경 말씀 자체가 증거가 되며,

성경 말씀을 통해서

주님께서 나를 아신 것 같이

내가

온전히 알 수 있게 되었기(고린도전서 13:12) 때문에

표적과 기사를 보기가

힘든 것일지도 모르겠습니다.

또한, 신령한 은사들은

사도들의 안수를 통해서 받을 수 있었는데

(사도행전 8:17, 사도행전 19:6, 로마서 1:11)

사도들이 모두 이 세상을 떠난 후에는

그러한 은사들을

나누어 줄 수 있는 사람이 없었습니다.

자신에게 신유의 은사나

예언의 은사가 있다고 말하는 사람들은

전부 거짓말을 하고 있거나

그들만의 착각에 빠져 있는 것입니다.

사탄도 기적을 행하고

자기를 광명의 천사로 가장한다고 말씀하셨으며,

말세에는 거짓 그리스도들과

거짓 선지자들이 일어나

큰 표적과 기사를 보여 할 수만 있으면

택하신 자들도 미혹하리라고

말씀하셨습니다(마태복음 24:24).

눈에 보이는 것에 의지하지 말고,

자신의 체험에 의지하지 말고,

오직 하나님의 말씀에만 의지하여

신앙생활 해야 합니다.

말에 대하여

† 빛의 열매는

모든 착함과 의로움과 진실함에 있느니라

– 에베소서 5:9

† 그러나 두려워하는 자들과 믿지 아니하는 자들과

흉악한 자들과 살인자들과 음행하는 자들과

점술가들과 우상 숭배자들과

거짓말하는 모든 자들은

불과 유황으로 타는 못에 던져지리니

이것이 둘째 사망이라

– 요한계시록 21:8

✝ 무엇이든지 속된 것이나 가증한 일 또는

거짓말하는 자는 결코 그리로 들어가지 못하되

오직 어린 양의 생명책에

기록된 자들만 들어가리라

– 요한계시록 21:27

사람들이 쉽게 저지르는 죄 중의 하나가

거짓말입니다.

사람들은 거짓말을 큰 죄가 아니라고 생각합니다.

그런데 그것은 사탄의 거짓말에 속고 있는 겁니다.

사탄은 끊임없이 거짓말을 하며

하나님의 말씀에 거짓말을 숨겨서

사람들을 속이기도 합니다.

그 대표적인 예가

믿기만 하면 구원받는다는 말입니다.

그래서 사람들은 하나님의 말씀에 순종하지는 않고
추상적인 믿음만 가지고
자신들은 구원받았다고 믿고 있으며,
주일에 예배당에 나가는 것 외에는
대부분 예수님을 믿지 않는 사람들처럼 살아갑니다.

또한, 사탄은
교회가 세상 사람들에게 전도하기 위해서는
현대 사회에 맞게
교회도 변해야 한다고 거짓말합니다.
그래서 세상의 빛과 소금으로 살아야 할
교회가 오히려
하나님의 말씀보다는 세상 풍조를 따르고
세상을 닮아가고 있습니다.

거짓말은 사람들을 죽이기도 하고

파멸로 이끌기도 하고

지옥으로 보내기도 합니다.

이처럼 거짓말은 큰 죄가 되기 때문에

하나님께서 거짓말하는 자들은

불과 유황으로 타는 못에

던져지게 된다고 말씀하셨습니다.

그럼 선의의 거짓말은 어떨까요?

선의의 거짓말도 죄입니다.

하나님께서 선의의 거짓말을 하실까요?

하나님께서는 거짓이 없으십니다.

(디도서 1:2, 히브리서 6:18)

선의의 거짓말도 결국에는 나를 위한 것입니다.

우리는 우리에게 손해가 되더라도

거짓말을 해서는 안 됩니다.

✝ 무릇 더러운 말은 너희 입 밖에도 내지 말고

오직 덕을 세우는 데 소용되는 대로

선한 말을 하여 듣는 자들에게

은혜를 끼치게 하라

– 에베소서 4:29

† 누추함과 어리석은 말이나 희롱의 말이

마땅치 아니하니

오히려 감사하는 말을 하라

– 에베소서 5:4

† 혀는 능히 길들일 사람이 없나니

쉬지 아니하는 악이요

죽이는 독이 가득한 것이라

– 야고보서 3:8

거짓말뿐만 아니라

비방하는 말이나 욕이나 저주하는 말처럼

모든 더러운 말은 하지 말아야 하며,

상대방이 욕을 한다고 해도

같이 욕을 해서는 안 됩니다.

유행가 가사도 더러운 말은 따라 하지 말아야 합니다.

우리는 말을 할 때 항상 신중하고 조심해야 합니다.

세상이 점점 각박해지고

경제적으로 여유가 생기면서

반려동물을 키우는 사람들이 많아졌습니다.

가족이나 다른 사람들이

채워 주지 못한 무엇인가를

반려동물을 통해서 얻고자 하는 것 같습니다.

사람들은 자신들의 목적에 따라

동물들을 실험용으로 사용하기도 하고

훈련 시켜서 특수한 목적에 사용하기도 하고

식용으로 먹기도 하고 반려동물로 기르기도 하고

해롭다고 생각되는 동물들은

사정없이 죽이기도 합니다.

사람이 하나님의 영광을 위하여 존재하듯이

모든 동물은 사람을 위해 있는 겁니다.

그런데 개를 사람처럼 대하고

스스로 개의 엄마가 되고, 개의 아빠가 되어서

개를 가족이라고 합니다.

그렇게도 스스로 개가 되고 싶은 겁니까?

하나님께서는 사자에게 살기 위한 방편으로

강한 턱과 날카로운 발톱을 주셨듯이

개에게는 사람과 친해질 수 있는

친밀함을 주셨습니다.

모든 동물은 이성이 없으며(베드로후서 2:12)

오직 본능과 경험에 의해서 행동합니다.

개가 사람들에게 꼬리 치고 핥는 것도

개들의 본능에 의해서 행동하는 것일 뿐입니다.

개들이 사람을 따르고 좋아하는 것을 보면서

사람들은 더욱 좋아합니다.

오직 본능과 경험에 따라 행동하는

개들이 사람을 따르기만 해도

사람들이 그토록 좋아하는데,

사람들이 하나님의 말씀을 따르고 순종하면

하나님께서 얼마나 기뻐하시겠습니까?

예수님을 믿는 사람이라면

개를 두고 자신이 엄마라느니, 아빠라느니

그런 말은 하지 마십시오.

그것은 스스로 자신이 개라고 말하는 것과

무엇이 다르겠습니까?

예수님을 믿지 않는 사람들도

언제 개를 낳았냐며 비웃습니다.

반려동물을 키우는 것은

여러 가지로 좋은 점이 많지만,

개를 사람처럼 대하지는 마시고

개를 통해서 채우고 싶은 무엇인가를
가족이나 이웃사랑의 실천을 통해서
채워 보시는 것은 어떻겠습니까?

인도의 인사말 중에
"나마스테."라는 말이 있습니다.
인도에는 그 수를 알 수 없을 만큼
많은 신이 있으며,
나마스테는
"내 안에 있는 신이 당신 안에 있는 신에게
머리 숙여 인사합니다."라는 뜻도 있다고 합니다.
예수님을 믿는 사람이라면
절대 해서는 안 되는 말입니다.
그 외에 "명복을 빕니다."라는 말도
다른 말로 대체해야 합니다.
예수님을 믿는 사람이 해서는 안 되는 말이

조금만 생각해 보시면 많이 있을 겁니다.

예수님을 믿는 사람은 특히 더

말과 행동에 항상 신중해야 합니다.

✝ 내가 너희에게 이르노니

사람이 무슨 무익한 말을 하든지

심판 날에 이에 대하여 심문을 받으리니

네 말로 의롭다 함을 받고

네 말로 정죄함을 받으리라

– 마태복음 12:36~37

자살에 대하여

어떤 사람들은 “자살은 살인이다.” 또는

“자살은 극단적으로 이기적인 짓이다.” 또는

“자살은 지극히 비겁한 짓이다.”라고 말합니다.

또 어떤 사람들은

“얼마나 힘들었으면 자살했을까?”라고 말하기도 합니다.

이렇게 자살한 이유에 따라서

사람들의 자살에 대한 생각도 달라지는 것 같습니다.

하지만 이유 여하를 막론하고

절대 자살해서는 안 됩니다.

닭 한 마리 죽이는 것도 힘든데

자기 자신을 죽인다는 것은

정말 생각만 해도 끔찍합니다.

자살로 죽게 되면

다시는 아무런 기회도 얻지 못하게 됩니다.

자살은 타살보다 가족들의 마음을 더 아프게 하며,

평생 가족들이 죄책감을 가지고

살아가게 하기도 합니다.

또한, 누군가의 자살은 자살을 망설이는

다른 사람이 자살을 결심하게 하기도 합니다.

어떤 사람들은 다른 사람의 자살을

자신들의 이익을 위해서 미화하고

심지어 영웅시하는 사람들까지 있습니다.

자살을 미화하고,

자신들의 이익을 위해서 이용하는 것은

정말 추악한 짓입니다.

자살을 미화하는 짓은 다른 사람들의 자살을

부추기는 꼴이 됩니다.

우울증 때문에 자살하는 사람들이 아주 많습니다.

우울증은 내가 기대하는 현실과

내가 처한 현실이

너무 차이가 날 때 생긴다고 합니다.

우울증을 예방하기 위해서는

욕심을 버리고 있는 것으로 만족하며,

감사하는 습관을 길러야 합니다.

몸이 너무 아파도 자살 충동을 느낄 겁니다.

저 자신도 수년간 원인 모를 질병으로

아파도 너무 아파서 밤마다

내가 잠든 사이에

하나님께서 나를 데려가 주셨으면 좋겠다는 마음으로

약에 의지해서 잠들기도 했었습니다.

지금도 아팠었던 후유증이 남아 있지만,

지나고 보니 제가 아팠었던 때가

영적으로 가장 성장했었던 기간이었다고 생각합니다.

지금은 저에게 아픔을 주셨던 하나님께

오히려 크게 감사하고 있습니다.

✝ 무릇 하나님께로부터 난 자마다 세상을 이기느니라

세상을 이기는 승리는 이것이니 우리의 믿음이니라

예수께서 하나님의 아들이심을 믿는 자가 아니면

세상을 이기는 자가 누구냐

– 요한1서 5:4~5

하나님만을 의지하면 하나님께서

이겨낼 수 있게 해 주십니다.

크리스마스에 대하여

예수님께서는 B.C. 4년에 태어나셨습니다.

성전건축이 B.C. 20년에 시작되어

46년 동안에 지었고(요한복음 2:20),

예수님께서 30세에

공생애를 시작하셨기 때문에

예수님께서는 B.C. 4년에 태어나셨다는 것을

알 수 있습니다.

달력도 예수님께서 태어나신 해를 기준으로

바르게 만들었었다면

4년을 더해야 합니다.

지금이 2030년이라면

실제로는 2034년이 되어야 하는 겁니다.

그건 그렇고

예수님께서 태어나신 날짜는

아무도 모릅니다.

예수님께서 태어나신 날을

기념하길 원하셨다면 명령하셨거나

날짜를 가르쳐 주셨거나

알 수 있게 해 주셨을 겁니다.

예수님께서는

예수님께서 태어나신 날을

기념하길 원하지 않으시며,

오히려 예수님께서 죽으셨다가 부활하신

매주 주일에

주의 만찬(성찬식)을 통해서

우리의 죄를 대속하시기 위하여

죽으셨다가 다시 사신

우리 주 예수 그리스도를

기념하고 전하라고 명령하셨습니다.

그런데 예수님께서 명령하신 말씀에는

순종하지 않으면서

예수님께서 원하지 않으시는

크리스마스를 기념하다 보니

어떻게 되었습니까?

아이들은

크리스마스에 예수님을 떠올리기보다

Santa가 선물 주는 날로 알고 있습니다.

Satan이 좋아할 겁니다.

크리스마스 전날이 되면

유흥가는 술에 취한 사람들로

발 디딜 틈이 없으며,

전국의 숙박업소는

음행과 간음하는 사람들로

꽉 차고도 넘칩니다.

하나님의 뜻과 상관없이

사람들의 생각으로 만들어 낸

크리스마스가 얼마나 사람들을

타락하게 만드는지

우리는 보아왔습니다.

게다가 예수님의 탄생을 기념한다고

성탄절을 만들어 놓고

예수님의 탄생을 기념한다는 날에

주의 만찬(성찬식)은

왜 행하는지 정말 모르겠습니다.

오히려 예수님께서는

주의 만찬(성찬식)을 통해서

예수님의 죽으심을

전하라고 말씀하셨습니다

(고린도전서 11:26).

사람들이 주의 만찬(성찬식)의 의미를

몰라도 너무 몰라서

정말 걱정입니다.

제발 예수님께서 부활하신 매주 주일에

주의 만찬(성찬식)을 통해서

우리의 죄를 대속하시기 위해 죽으셨다가

부활하신 예수님을

기억하고 기념하고 전하길 바랍니다.

하나님의 말씀에 순종하지도 않으면서

형식적인 예배만 드리는 사람들을 보시면서

하나님께서 경고하고 계십니다.

종교개혁에 대하여

예수님께서 베드로의 신앙고백을 토대로

교회를 세우시고(마태복음16:18)

교회는 핍박 속에서도 점점 성장하다가

사도들이 다 세상을 떠나고,

사도들로부터 직접 가르침을 받은 사람들까지

세상을 다 떠난 후에

많은 교회는 조금씩 타락하여 갔습니다.

✝ 이와 같이 하나님의 소생이 되었은즉

하나님을 금이나 은이나 돌에다

사람의 기술과 고안으로 새긴 것들과 같이

여길 것이 아니니라

– 사도행전 17:29

✝ 이는 그들이

하나님의 진리를 거짓 것으로 바꾸어

피조물을 조물주보다 더 경배하고 섬김이라

주는 곧 영원히 찬송할 이시로다 아멘

– 로마서 1:25

하나님의 말씀에 사람들의 욕심과

여러 가지 세상 풍조가 더해지고

다른 여러 종교의 영향을 받으면서

피조물을 하나님보다 더 섬기게 되었고,

천국 가는 티켓이라며

면죄부를 판매하기도 했습니다.

또한, 종교회의나 교부들의 주장이

하나님의 말씀보다

더 우선시되기도 하였고,

많은 교회가 권력화되고 세속화되어서

예수님께서 세우신 초대교회와는

완전히 다른

이상한 종교로 타락하여 버렸습니다.

이러한 이유로 많은 사람이

종교개혁의 필요성을

절실히 느끼게 되었으며,

가톨릭 신부였던 루터를 비롯한

많은 종교개혁가가 주축이 되어서

종교개혁을 하게 되었습니다.

하지만 종교개혁이 완전하지 못했기 때문에

성경에서 말씀하시는

교회와는 다른 점이 여전히 많았으며,

지금의 개신교는

종교개혁 이후에도

여러 가지로 변해왔습니다.

개신교가 모델로 삼아야 할 교회는

종교개혁 이후의 개신교가 아니라

예수님께서 세우시고 명령하신

초대교회가 되어야 합니다.

지금도 세계적으로

최소한 수천 개의 교파가 있다고 합니다.

이들은 성경에 기록된

하나님의 말씀이 아니라

자신들의 주장을 따르기 때문에

갈라져 버리게 된 것입니다.

이제는 모든 개신교가

자신들의 교리와 교파와 기득권을 다 버리고

오직 성경 말씀만을 따라

개신교가 아니라

그리스도교가 되어야 합니다.

(고린도전서 1:10~13)

구하고 두드리고 찾아보시면

초대교회 때부터 지금까지도

하나님의 말씀만을 따라

좁은 길을 걷고 있는 교회들이 있습니다.

✝ 그러므로 너희는 가서

모든 민족을 제자로 삼아

아버지와 아들과 성령의 이름으로

세례를 베풀고

내가 너희에게 분부한 모든 것을

가르쳐 지키게 하라

볼지어다 내가 세상 끝날까지

너희와 항상 함께 있으리라 하시니라

– 마태복음 28:19~20

† 좁은 문으로 들어가기를 힘쓰라

내가 너희에게 이르노니

들어가기를 구하여도 못하는 자가 많으리라

– 누가복음 13:24

아무도 나의 믿음을 대신해줄 수는 없습니다.

성경공부도 열심히 하시고(특히 신약성경),

하나님의 말씀을 바르게 믿고

하나님의 말씀에

온전히 순종하기 위해서 최선을 다해야 하며,

천국은 어떤 희생을 치르더라도 꼭 가야 합니다.

예수님을 믿고 평생 남을 위해 봉사하고

사람들에게 칭찬받는 사람일지라도

바르게 믿지 않으면

천국에 들어갈 수 없습니다.

아무리 뜨거운 열정을 가지고

열심히 달리더라도

잘못된 방향으로 달린다면

오히려 멀어질 뿐입니다.

천국에 들어가길 구하여도 못 들어가는 사람이
많다고 하셨습니다.
여러분이 지금 가고 있는 그 길이
넓은 길이라는 생각은 안 해보셨습니까?
하나님의 말씀을 믿고 싶은 것만 믿고
믿고 싶은 대로 믿는다면
여러분은 아주 넓은 길로 가고 있는 겁니다.
잘못을 알고도 고치지 않는다면
당신은 그리스도인이 아니라
그냥 종교인입니다.

개신교인이 아니라
그리스도인으로 살아갈 수 있게 되기를
간절히 기도합니다.

천국에 들어가는 길은
복음을 듣고 믿고 회개하고
신앙고백하고 침례를 받는 길뿐이며,
침례를 받은 이후에도
하나님의 말씀에 순종하며
이 세상 떠나는 날까지

믿음을 지켜가야 합니다.

부디 많은 분이 이 책을 읽고

바른 믿음을 갖게 되기를 기도합니다.